Pie NSUKULA BAVINGIDI

L’apport de douze vertus d’un bon parent et d’un bon élève

Pie NSUKULA BAVINGIDI

L'apport de douze vertus d'un bon parent et d'un bon élève

Dans l'essor de l'éducation et de l'instruction

Éditions Vie

Cover image: www.ingimage.com

Publisher:
Éditions Vie
is a trademark of
Dodo Books Indian Ocean Ltd., member of the OmniScriptum S.R.L Publishing group
str. A.Russo 15, of. 61, Chisinau-2068, Republic of Moldova Europe
Printed at: see last page
ISBN: 978-613-9-58823-7

Avant-propos

À travers le monde, il est recommandé d'assurer un bon encadrement de la jeunesse montante afin qu'elle soit utile à l'avenir. Pour atteindre cet objectif primordial, l'éducation et l'instruction doivent être bien garanties. Mais qui en sont les principaux acteurs ?

En premier lieu, le parent qui, en tant que géniteur, est appelé à suivre l'évolution du développement de l'enfant jusqu'à l'âge adulte. Ce processus est complété par l'enseignant au niveau de l'école.

Au fur et à mesure qu'il grandisse, l'élève, pour sa part, devra savoir que c'est son bien-être qui est au centre des préoccupations.

De par sa mission principale d'éducateur, le Frère Visiteur Provincial, **Nsukula Bavingidi Pie**, a estimé également opportun de mettre l'accent particulier sur l'apport de l'élève dans l'essor de l'éducation et de l'instruction. Car, souligne-t-il dans sa brochure intitulée : ***L'apport de douze vertus d'un bon élève et d'un bon parent dans l'essor de l'éducation et de l'instruction***, « éduquer c'est dégager, mettre en valeur, en pleine lumière toutes les richesses, toutes les beautés, toutes les puissances de vie que l'enfant recèle en son âme et dans son cœur ».

La discipline, **la docilité**, **l'écoute**, **le respect**, **la ponctualité**, **l'honnêteté**, **la détermination**, **l'application**, **l'émulation**, **l'entraide**, **l'humilité** et **la reconnaissance** sont les douze vertus que doit posséder l'élève.

Fort de cela, il y a lieu de s'interroger sur leur impact dans la vie d'un enfant. Cette vertu (la discipline) étant la clé de voûte de toute activité éducative, elle fait régner l'ordre, le travail et le succès. Par les temps qui courent, la discipline paraît parfois comme un lourd fardeau pour un élève, mais, plus tard, elle pourra lui servir de support solide pour son développement. C'est à ce moment que l'enfant se rendra compte de l'impact de cette vertu sur sa vie.

Actuellement, et plus particulièrement en République Démocratique du Congo, l'opinion, toutes catégories et tendances confondues, se plaint du comportement souvent malsain qui caractérise la jeunesse montante. Pour remédier à cette situation, la rigueur dans la discipline doit être de mise. Au fur et à mesure, l'enfant pourra être docile, à l'écoute. *Ipso facto,* en classe, il sera attentif à l'enseignement.

Pour toutes ces douze vertus que doit posséder l'enfant, le parent a une grande part de responsabilité pour leur application, vu sa position d'encadreur principal.

Être parent et avoir des enfants n'est pas un fait du hasard. C'est une bénédiction, une grâce et une lourde responsabilité, comme le souligne le Frère Visiteur dans sa brochure. En plus, le milieu familial joue un rôle capital dans le développement de l'enfant. D'où ses douze vertus : **la responsabilité**, **la vigilance**, **l'écoute, l'affection**, **la fermeté**, **la tendresse**, **l'abnégation**, **l'exemplarité**, **la perspicacité**, **la patience**, **l'humilité** et **la piété**.

Comme on peut s'en rendre compte, les douze vertus d'un bon élève et d'un bon parent évoquées dans cette brochure favorisent le succès de l'enfant sur tous les plans de la vie. Elles contribuent à la bonne marche de l'école.

Véron Clément Kongo
Journaliste et Assanéfien

Première partie :

Les Douze Vertus d'un Bon Parent

Résumé

L'essor de l'éducation et de l'instruction exige que chaque acteur éducatif, nommément les parents, l'élève et l'enseignant, prenne une part active à l'action éducative. Cela étant, en cogitant sur le profil que devait avoir chaque acteur, nous avons perçu une nécessité impérieuse d'avoir des personnes vertueuses pour s'occuper de l'éducation et de l'instruction des enfants.
Les vertus de chaque acteur telles que développées dans cette brochure, aideront chacun, en ce qui le concerne, à remplir sa mission à bon escient pour le bien des enfants et celui de la société.

Mots clés : *Vertu, essor (de l'éducation et de l'instruction), Éducation et Instruction, Écoles des Frères.*

Introduction

Éduquer c'est dégager, mettre en valeur, en pleine lumière toutes les richesses, toutes les beautés, toutes les puissances de vie que l'enfant recèle en son âme et dans son cœur.

L'éducation de la volonté est assurément la plus importante. C'est la volonté, en effet, qui constitue l'homme. Elle gouverne tout son être, elle commande à notre esprit ainsi qu'à notre corps, nous fait passer du repos à l'action et de l'action au repos, développe les vertus et les vices.

Les vertus sont des valeurs, indispensables dans la vie quotidienne d'un peuple. Le philosophe, critique culturel, compositeur, poète, philologue et intellectuel allemand Friedrich Nietzsche (1844-1900) disait : « Aucun peuple ne pourrait vivre sans d'abord fixer les valeurs », J. Casevecchie (2009). À ce sujet, nous pouvons révéler certaines vertus qui peuvent aider les élèves et les parents à être de bons élèves et de bons parents, notamment **la discipline**, **la docilité, l'écoute**, **le respect**, **la ponctualité**, **l'honnêteté**, **la détermination, l'application**, **l'émulation**, **l'entraide**, **l'humilité** et **la reconnaissance**. Celles d'un bon parent sont : **La responsabilité**, **la vigilance**, **l'écoute**, **l'affection**, **la fermeté**, **la tendresse**, **l'abnégation**, **l'exemplarité**, **la perspicacité**, **la patience**, **l'humilité** et **la piété**.

Jean-Baptiste de La Salle, cité par le Frère Agathon, cinquième Supérieur Général des Frères des Écoles Chrétiennes (1834), résume à douze les vertus d'un bon maître : **La gravité**, **le silence**, **l'humilité**, **la prudence**, **la sagesse**, **la patience**, **la retenue**, **la douceur**, **le zèle**, **la vigilance**, **la piété** et **la générosité**.

Le tableau synoptique ci-contre récapitule ces trois catégories de vertus. Il permet en outre de repérer les vertus transversales qui se retrouvent dans différentes catégories. Mais seules les vertus d'un bon parent qui sont développées dans ce document.

Tableau récapitulatif de différentes vertus

I. Les douze vertus d'un Bon Maître (J.-B. de La Salle)		II. Les douze vertus d'un Bon Élève (Nsukula B. Pie)		III. Les douze vertus d'un Bon Parent (Nsukula B. Pie)	
1.	**La gravité**	1.	**La discipline**	1.	**La responsabilité**
2.	**Le silence**	2.	**La docilité**	2.	**La vigilance**
3.	**L'humilité**	3.	**L'écoute**	3.	**L'écoute**
4.	**La prudence**	4.	**Le respect**	4.	**L'affection**
5.	**La sagesse**	5.	**La ponctualité**	5.	**La fermeté**
6.	**La patience**	6.	**L'honnêteté**	6.	**La tendresse**
7.	**La retenue**	7.	**La détermination**	7.	**L'abnégation**
8.	**La douceur**	8.	**L'application**	8.	**L'exemplarité**
9.	**Le zèle**	9.	**L'émulation**	9.	**La perspicacité**
10.	**La vigilance**	10.	**L'entraide**	10.	**La patience**
11.	**La piété**	11.	**L'humilité**	11.	**L'humilité**
12.	**La générosité**	12.	**La reconnaissance**	12.	**La piété**
Vive Jésus dans nos cœurs ! À jamais !					

Au regard de ce tableau, il ressort que *L'apport de douze vertus d'un bon élève et d'un bon parent dans l'essor de l'éducation et de l'instruction* est donc un **complément indispensable** aux *Douze vertus d'un bon Maître*. Motivé par l'évidence selon laquelle la triade composée de parents vertueux, d'élèves vertueux et d'enseignants vertueux donne lieu à une réussite de l'éducation intégrale de l'enfant, **ce travail** constitue un **outil indispensable** pour aider les parents et les élèves à être vertueux. Il présente au **premier point** le **cadre théorique** qui nous permet de clarifier certains concepts clés pouvant faciliter la compréhension du document. Au **deuxième point**, il informe sur la **méthode de vulgarisation** de ces vertus auprès de son public cible. En **dernier** ressort, il développe **les douze vertus d'un bon parent** dont il est question.

1. Cadre théorique

1.1. Définition des concepts

1.1.1. Vertu

Vertu vient du latin *virtus*, qui signifie « disposition constante qui porte à faire le bien et à éviter le mal » ; c'est aussi une « qualité particulière », *Le Petit Larousse 2003*.

Cela étant, en parlant des *vertus d'un bon élève et d'un bon parent*, nous faisons allusion aux bonnes qualités que doivent avoir l'élève et ses parents en vue d'aider l'enfant à réussir non seulement son cursus scolaire, mais sa vie.

1.1.2. Essor

Synonyme de l'envol, l'essor de l'éducation et de l'instruction est ce stimulus qui booste l'éducation et l'instruction, c'est-à-dire qui les aide à aller de l'avant, à connaître du succès.

1.1.3. Éducation et Instruction

L'**éducation** peut se définir comme étant un « ensemble des actions menées par les parents dans le but d'assurer le développement de leurs enfants au niveau de leur santé physique et mentale mais aussi sur les plans affectif et social, moral et spirituel, intellectuel et culturel », P. Dembour (2008).

L'**instruction** et l'**éducation** ne doivent pas être confondues. F. Macaire & P. Raymond (1964) expliquent : « On dit d'un **homme** qu'il est **instruit** quand il a **fait des études**, **acquis des connaissances** assez étendues ». Tandis que lorsqu'on dit de **quelqu'un** qu'il est **bien éduqué**, renchérissent ces auteurs, c'est « qu'en **plus de l'instruction**, il a reçu une **formation morale** et **sociale** ».

En résumé, **l'instruction** se focalise sur la **formation intellectuelle de l'enfant**. C'est une partie de l'éducation. Tandis que **l'éducation**, elle s'occupe de la **formation intégrale de l'enfant** : intelligence, cœur, volonté.

1.1.4. Écoles des Frères

Les écoles des Frères, dénommées « Écoles Lasalliennes », sont des institutions dirigées par la Congrégation des Frères des Écoles Chrétiennes. Elles furent fondées en 1680 par Jean-Baptiste de La Salle, prêtre français. Ces établissements religieux ont été créés en France pour pallier la situation d'abandon et de détresse à laquelle étaient victimes les enfants des artisans et des pauvres de la société française du XVIIe siècle. Jean-Baptiste de La Salle avait donc compris que « l'éducation est un droit pour tous, y compris pour les pauvres ».

Les Frères des Écoles Chrétiennes s'occupent de l'enseignement à tous les niveaux (de la crèche à l'université). Ils ont des écoles dans tous les continents, dans 80 pays. Les Frères et leurs collaborateurs forment l'homme complet : sa tête et son âme. L'éducation et l'instruction qui sont offertes dans leurs écoles **touchent** les **cœurs** des enfants. C'est comme le dit Quisumbing L. R.[*] : « Le **cœur** de l'**éducation**, c'est l'**éducation** du **cœur** ».

* Quisumbing Lourdes R. (1921-1997), Secrétaire d'État à l'éducation, à la culture et aux sports des Philippines.

En gros, la finalité de la Congrégation des Frères des Écoles Chrétiennes est « d'assurer une éducation humaine et chrétienne aux jeunes, spécialement aux pauvres [...] », R. Schieler (2015).

1.2. Présentation du milieu

Notre champ de recherche est le milieu éducatif Lasallien, un milieu composé d'enseignants, d'élèves et de parents des écoles des Frères des Écoles Chrétiennes.

Les enseignants, les élèves et les parents qui ne sont pas de ce milieu peuvent également se servir de cette brochure.

2. Méthode de vulgarisation

Pour apprendre aux parents et aux élèves à devenir des personnes vertueuses, nous organiserons des séances de formation et des exposés. Nous commencerons par les écoles de Kinshasa suivies de celles de l'intérieur du pays. Au cours de ces formations, les effigies ou les brochures contenant les douze vertus seront distribuées aux participants. Aussi, nous inviterons les différents staffs dirigeants des écoles à graver ces vertus au mur.

3. Les douze vertus d'un bon parent

0. Introduction

Il est bon pour l'homme et la femme d'être des personnes vertueuses. Dans le **mariage**, une **institution divine** (Gn 2:18), l'**homme** et la **femme** doivent **s'aimer** tous les jours de leur vie, dans le **bonheur** et dans les **épreuves**. Ils doivent vivre la **fidélité** jusqu'à ce que la **mort** les sépare (Liturgie du sacrement de mariage).

L'**homme vertueux** est comparable à celui dont nous parlent les Saintes Écritures (Ep 5:25-33 ; Col 3:19) : cet homme **aime** sa femme à **l'image du Christ** et **comme lui-même**. Il la **protège** et la **rend heureuse**. Bref, un homme vertueux cherchera toujours le bien de sa femme et celui de sa famille.

Quant à la **femme vertueuse**, elle est une **perle précieuse**. Elle fait la fierté, la joie et la gloire de son mari (Pr 12:4). Celui qui la trouve, trouve le bonheur (Pr 18:22). Elle a même **bien plus** de **valeur** que les **perles**. Son mari a le cœur confiant ; sa maison ne manque de rien. Tous les jours de sa vie, elle fait du bien à son mari ; elle craint le Seigneur (Pr 31:10-31). Elle est un don de Dieu (Pr 19:14 ; Si 26:1-4, 13-16).

La **femme vertueuse** est **soumise** à son mari et le **respecte** (Ep 5:22, 33 ; Col 3:18). Grâce à sa **bonne conduite**, elle peut **convertir** le cœur de **son mari**. La **beauté** qu'elle doit rechercher ne doit **pas** être **extérieure** (cheveux tressés, bijoux en or, habits pimpants), **mais** la beauté **intérieure**, celle du cœur (1 P 3:1-6 ; 1 Tm 2:9-10). Bref, une **femme vertueuse** est une **femme sage** ; elle **bâtit sa maison** (Pr 14:1).

Être parent et **avoir des enfants** n'est pas un fait du hasard. C'est **une bénédiction**, **une grâce**, et **une lourde responsabilité** (Jb 42:12-16 ; Gn 15:1-5 ; Ps 128:1-6 ; Ep 6:4).

Bien que la **parentalité** (paternité et maternité) soit une grâce, elle **s'apprend** car nul ne naît père ou mère. P. Dembour (2008) disait : « Éduquer un enfant est un des métiers les plus exigeants et les plus durs au monde […] ».

Les **enfants** sont **un trésor** (Ps 127:3). Ils représentent l'essentiel de la raison d'être des parents. Raison importante pour offrir aux enfants une éducation de qualité qui leur garantira un avenir meilleur.

Confucius (vers 551-479 avant J.-C.), éducateur et philosophe écrivain chinois, abonde dans le même sens lorsqu'il dit : « Si ton **plan** est pour **un an**, **plante du riz** ; si ton plan est pour **dix ans**, **plante des arbres** ; si ton plan est pour **cent ans**, **éduque les enfants** ».

Le **milieu familial** joue un **rôle capital** dans le développement de l'enfant. Don Bosco (1850) dit : « [...] Chaque maison, une école de Vie et d'Amour ».

Les vertus sont d'une grande importance dans l'éducation et l'instruction des enfants. En vue d'apporter une innovation aux écrits de J.-B. de La Salle (1706) sur *Les douze vertus d'un bon Maître*, nous avons eu à lister douze vertus pour un bon élève, et douze autres pour un bon parent, P. Nsukula (2018).

Pour qu'un parent soit réellement à la hauteur de sa tâche et influe positivement sur l'avenir de ses enfants, il doit posséder les douze vertus suivantes : **La responsabilité**, **la vigilance**, **l'écoute**, **l'affection**, **la fermeté**, **la tendresse**, **l'abnégation**, **l'exemplarité**, **la perspicacité**, **la patience**, **l'humilité** et **la piété**.

1. La responsabilité

Cette vertu est **le piédestal** sur lequel les autres vertus se construisent. Être parent ne suffit pas. Encore faudra-t-il être un parent responsable.

Un **parent responsable se soucie** de **sa famille**. Il élève ses enfants en les corrigeant et en les instruisant (Dt 4:9 ; Ep 6:4).

Il remplit convenablement ses devoirs en tant que parent : il prend soin de sa famille, veille sur l'éducation humaine et religieuse de ses enfants, contrôle leur évolution à l'école, leur paie les frais scolaires, les vêtit, les nourrit, etc.

Les parents sont les premiers responsables de leurs enfants. Ils ont l'obligation de s'occuper dignement d'eux (Pr 22:6 ; Jl 1:1-3).

La **responsabilité** en **famille** est une **bonne école**. Elle apprend à bien diriger. Certes, celui ou celle qui ne sait pas diriger sa propre maison éprouvera des difficultés à diriger ses semblables (1 Tm 3:1-5).

Il est important de savoir qu'à la création du monde, Dieu a confié à nos premiers parents (Adam et Ève) la responsabilité de continuer son œuvre de création (Gn 1:26-30). Aujourd'hui, c'est à nous qu'incombe cette responsabilité.

2. La vigilance

La vigilance : du latin *vigilantia*, habitude de veiller. Un **bon parent** est comme un **veilleur**. Il veille sur sa famille à la **manière** du **Christ**, le **Bon Berger** (Jn 10:7-16), comme la prunelle de son œil (Za 2:8), comme un aigle veille sur ses petits (Dt 32:10-11) ou comme une poule rassemble ses poussins ou sa couvée sous ses ailes (Mt 23:37 ; Lc 13:34).

Un parent vigilant doit savoir qui ses enfants fréquentent, et qui les côtoie. Il doit suivre l'évolution des enfants à l'école, contrôler l'usage qu'ils font des Technologies de l'Information et de la Communication (TIC), etc.

Bref, la vigilance des parents dans ce monde pluraliste doit les pousser à veiller sur le développement de leurs enfants sur tous les plans de la vie.

3. L'écoute

Synonyme d'**entendre** (lat. *intendere*, appliquer son esprit), **percevoir par l'ouïe**, **écouter** (lat. *auscultare*), c'est « prêter l'oreille à ; s'appliquer à entendre ; **être attentif à** », *Le Petit Larousse 2003*.

Un **parent** doit savoir **écouter** son/sa **partenaire** et ses **enfants**. De la bouche des enfants peut aussi sortir de bonnes choses.

Ce que Dieu a caché aux sages et aux intelligents (savants), c'est aux enfants qu'il le révèle (Mt 11:25 ; Lc 10:21). Que de parents n'ont-ils pas eu à commettre des erreurs graves par manque d'écoute ?

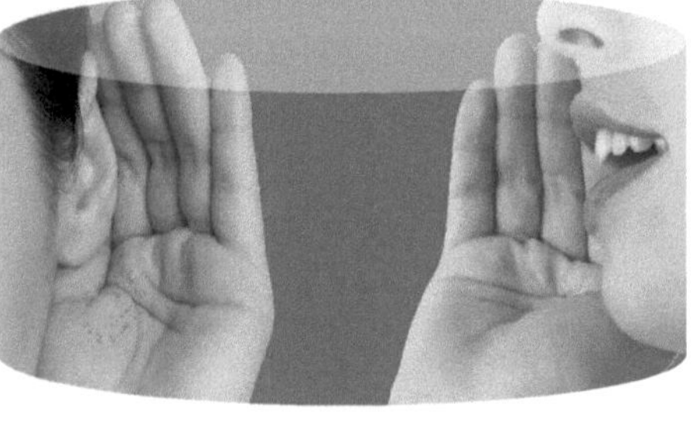

En famille, **l'écoute** favorise le **dialogue**, et le **dialogue** amène la **paix** et l'**harmonie**.

4. L'affection

Du latin *affectio*, l'**affection** est un « **attachement** que l'on éprouve pour quelqu'un ; **tendresse** ».

Le *Code de la famille* (2016) en son Article 459 dispose : « Les **époux** se doivent **mutuellement fidélité**, **respect**, **considération** et **affection** ».

Les Saintes Écritures parlent de l'**attachement** : « C'est pourquoi l'**homme** quittera son père et sa mère, et **s'attachera** à sa **femme** [...] (Gn 2:24; Mt 19:5 ; Mc 10:7-8 ; Ep 5:31).

En famille, quand les **parents s'aiment**, ils **donnent l'exemple** à leurs **enfants**. Autrement dit, en vivant en parfaite harmonie leur union conjugale, les parents apprennent à leurs enfants à faire autant une fois adultes. C'est cet **amour** qui unit les parents, et dont nous sommes le fruit, qui **permet** de **grandir** dans la **confiance** ; confiance nécessaire pour une vie équilibrée et généreuse, pour l'accomplissement de notre vocation humaine. L'**amour** est **au-dessus** de **tout** (1 Co 13:1-8, 13 ; Col 3:14).

5. La fermeté

Du latin *firmitas*, la **fermeté** est une « **attitude** de **rigueur** excluant la faiblesse envers les autres ; **autorité** ».

Un **parent ferme** est **autoritaire**. Il est l'**opposé** de **parent** du type « **laissez-faire** ou **permissif** ».

Les parents doivent être fermes envers leurs enfants. C'est cette fermeté qui fera qu'ils auront des enfants suffisamment instruits.

Les **parents** ont l'**obligation** de **frayer** le **chemin** pour leurs enfants. À ce sujet, les Saintes Écritures disent : « Instruis l'enfant selon la voie qu'il doit suivre ; Et quand il sera vieux, il ne s'en détournera pas » (Pr 22:6).

Les préceptes, l'enseignement et les avertissements de la correction de la part des parents sont pour leurs enfants la lampe, la lumière et le chemin de la vie (Pr 6:20-23). La **fermeté** passe par l'**amour** et la **correction** (Pr 13:24 ; 29:15,17). Ne dit-on pas : « **Qui aime bien, châtie bien** » (*Qui bene amat, bene castigat*) ? Encore faut-il que la **correction** soit **individuelle**, **proportionnelle** à l'**âge** de l'enfant et à la **faute** commise. C'est de **l'autorité parentale** dont nous parle le *Code de la famille* (2016) en son article 326.

Les Saintes Écritures nous rappellent qu'autant Dieu châtie celui qu'il aime, autant un parent le fera pour l'enfant qu'il chérit (Pr 3:12 ; He 12:6-7).

Jean-Baptiste de La Salle parle de deux attitudes que doivent avoir les éducateurs envers les élèves (enfants) : « la **fermeté d'un père** et la **douceur d'une mère** », L. Lauraire (2004).

6. La tendresse

Avoir de la **tendresse** envers son époux (se), envers ses enfants, c'est **un signe d'amour**. La tendresse des parents fera que les enfants voient en eux des personnes en mesure de les aimer, de les comprendre et de leur pardonner.

La **tendresse** doit aussi se manifester à travers le **langage**. Les paroles qui sortent de la bouche des parents influent sur la vie de leurs enfants (Gn 27:1-46). Les **bonnes paroles** sont une **bénédiction** (du latin *benedictio* : **dire du bien**). Chers **parents**, pour le **bien de vos enfants**, « qu'il ne **sorte** de votre **bouche aucune parole mauvaise**, mais, s'il y a lieu, quelque **bonne parole**, qui serve à l'édification et communique une grâce à ceux qui l'entendent » ; telle est cette autre recommandation de la Sainte Écriture, (Ep 4:29).

Les parents doivent manifester leur amour et leur douceur à leurs enfants (1 Th 2:7-8, 11). Cette chaleur humaine part du sein maternel à la naissance, et doit se poursuivre jusqu'à l'âge adulte. Certes, quel que soit leur âge, les enfants seront toujours « enfants » de leurs parents (Es 49:15 ; Ps 103:13).

7. L'abnégation

Du latin *abnegatio* (c'est-à-dire refuser), l'abnégation est synonyme de **sacrifice**, de **renoncement**.

L'**éducation** des enfants ne va pas sans l'esprit de **sacrifice**. Pour le bien des enfants, les parents doivent avoir un **amour désintéressé**, l'**esprit** de **sacrifice** et de **dévouement**. Ceci les amènera parfois à l'oubli d'eux-mêmes au profit de leurs enfants.

L'amour du Christ envers nous, pauvres pécheurs, est un signe tangible de sacrifice. Pour nous sauver, le Christ s'est dépouillé (la kénose) : Ayant la condition de Dieu, il n'a pas retenu le rang qui l'égalait à Dieu. Il a pris notre condition d'homme, sauf le péché, et il a accepté la mort de la croix (Ph 2:5-11).

8. L'exemplarité

L'éducation, soulignent F. Macaire & P. Raymond (1964), **se fait** beaucoup **plus par l'exemple que par la parole**. Autrement dit, le témoignage de vie vaut mieux que des mots ; ou encore, notre monde d'aujourd'hui a plus besoin des gens qui vivent ce qu'ils disent. Les **parents** sont censés être des **modèles** car les **enfants imitent** facilement ce que les **adultes** font. Le proverbe « Tel père, tel fils » ou « Telle mère, telle fille », le confirme. Dans la même optique, en parlant de l'exemplarité comme vertu morale que doivent avoir les parents, P. Dembour (2008) dit ceci : « Les pères et mères doivent servir d'exemple sous peine de se discréditer ».

L'exemple, comme on le dit souvent, **vient d'en haut**. En lavant les pieds de ses disciples, Jésus Christ, Seigneur et Maître, nous donne un bon exemple à suivre (Jn 13:1-17) ; de même l'apôtre Paul en disant aux Corinthiens : « Soyez mes imitateurs, comme je le suis moi-même de Christ » (1 Co 11:1).

9. La perspicacité

Synonyme de **clairvoyance**, un parent perspicace est celui qui sait détecter et anticiper ce qu'il y a chez l'enfant ; autrement dit il doit savoir lire sur le visage de l'enfant.

Grâce à cette vertu, le parent aura de l'**habilité de découvrir** si l'enfant dit la vérité ou pas, s'il est en bonne santé ou pas. Bref, **le regard d'un parent** sur ses enfants doit toujours être un regard **attentif** et **discernant**.

À l'exemple de cinq vierges sages (Mt 25:1-13), un parent perspicace doit être prévoyant. Il doit faire bon usage de son salaire (du latin *salarium*, dérivé de *sal*, le sel), afin de subvenir à ses propres besoins et à ceux de sa famille. Le lendemain, comme on le dit, se prépare aujourd'hui.

10. La patience

Du latin *patientia*, la patience c'est « l'aptitude à supporter avec constance ou résignation les maux, les désagréments de l'existence », *Le Petit Larousse 2003.*

Être parent c'est aussi avoir de la patience comme vertu. Les **parents** doivent **éviter d'agir sous l'effet de la colère**.

Face à certaines situations, ils sont donc invités à prendre du recul afin d'éviter des conclusions hâtives et regrettables.

L'éducation des enfants peut prendre du temps avant d'avoir des résultats escomptés. Les parents doivent avoir de **la patience**, comme il en est **du cultivateur** qui **attend** avec patience le **fruit** de la **terre** (Jc 5:7). **Denis Sonet** (1926-2015), un prêtre catholique français, abonde dans le même sens lorsqu'il dit: « **Ne tirez pas sur l'herbe pour qu'elle pousse plus vite !** ».

11. L’humilité

C’est un « état d’esprit, attitude de quelqu’un qui est humble ». L’**humilité** n’est **pas** un **signe** de **faiblesse**, **mais** de **force**. Elle **précède** la **gloire** (Pr 15:33 ; 11:2 ; 22:4).

Dieu élève les **humbles** et **rabaisse** les **orgueilleux** (Lc 1:46-55 ; 14:11; 18:9-14 ; Mt 18:4 ; Jc 4:6,10 ; Pr 29:23 ; Es 2:17 ; Ps 18:27 ; 138:6).

Il est **bon pour** les **parents** d’**avoir** le **sens** d’**humilité**, de savoir **s’excuser** ou **demander pardon** en cas d’oubli ou d’erreurs.

L’humilité dans **le mariage**, ce n’est pas avoir la prétention ou le goût de grandeur ; c’est se laisser attirer par ce qui est simple (Rm 12:16). Autrement dit, c’est se reconnaître petit devant l’autre, c’est être en mesure de se faire son serviteur (Mt 23:11 ; Ph 2:3).

Plus on est **grand**, **plus** on doit **s’abaisser** (Si 3:17-20).

Pour **apprendre** l’**humilité**, les **parents** doivent **aller** à **l’école de Jésus**, lui qui est **doux** et **humble** de **cœur** (Mt 11:29). L’humilité des parents aura des retombées positives sur la vie de leurs enfants, lesquels enfants les imiteront.

12. La piété

Un **parent qui prie** servira d'**exemple à sa famille**, « **Église domestique** », (*Evangelii Nuntiandi*, 71). La piété en famille vivifie celle-ci : « Famille qui prie, famille qui vit », *dixit* le Pape Pie XII.

La **Sainte Famille de Nazareth** (Jésus, Marie, Joseph) est un **modèle** par excellence de **piété**. Joseph et Marie ont inculqué leur piété à Jésus dès son enfance, en l'emmenant aux lieux de culte, nous rappelle la Sainte Bible, (Lc 2:22-52).

Nous concluons ce chapitre en disant que la **famille** étant la **cellule de base de la société**, elle a intérêt à offrir aux enfants une bonne éducation. C'est à elle que revient **la part primordiale de l'éducation des enfants**, (*Code de droit canonique*, 226). C'est ce qu'affirme R. Musomo (2014) lorsqu'il dit : « les parents sont les premiers éducateurs de ceux qui leur doivent la vie ». Et parmi **les missions de la famille**, précise l'auteur, il y a par exemple : **prêcher par l'exemple** et **constituer le modèle à suivre ou à imiter** ; **poser les premiers jalons d'une éducation** qui doit se constituer par les autres milieux éducatifs.

Conclusion

L'éducation et l'instruction sont deux voies indispensables dans la vie d'un peuple. Ayant comme objectif primordial le développement de la personnalité de l'enfant, l'éducation et l'instruction doivent faire appel aux vertus. La *Loi-Cadre n°14/004 du 11 Février 2014 de l'Enseignement National* en sa section 2 (De l'**éducation aux valeurs**), article 14, dispose : « L'**enseignement** national **intègre** les **valeurs humaines** notamment **morales, spirituelles**, **éthiques**, **culturelles** et **civiques** ».

Dans le même ordre d'idées, P. Dembour (2008) déclare : « L'éducation procède du souci des parents de transmettre des **valeurs**, des règles de vie, des comportements, des idées… en vue du bonheur de leurs enfants, afin de les rendre autonomes et responsables ». Pour montrer que tout parent peut éduquer, l'auteur renchérit en disant :

> *L'éducation demande de l'amour, du bon sens et une certaine intelligence du cœur à la portée de tous les parents. Point n'est besoin de diplômes et de hautes capacités intellectuelles. Tous les parents sont capables d'éduquer.*

Lorsque les principaux acteurs de l'éducation et de l'instruction que sont les parents, l'élève et les enseignants sont des personnes vertueuses, ils sauront remplir leur mission à bon escient.

Les douze vertus d'un bon élève, et d'un bon parent que nous avons étudiées dans cette brochure, favorisent le succès de l'enfant sur tous les plans de la vie. Elles contribuent à la bonne marche de l'école. Quoi de plus précieux dans l'éducation et l'instruction des enfants que d'avoir sur leur chemin des parents, ainsi que des enseignants vertueux ? C'est comme l'a dit Stephen King : « Les bons professeurs, comme les épouses vertueuses, sont des perles qui n'ont pas de prix ».

Pour une bonne éducation de leurs enfants, les parents doivent créer un climat de confiance mutuelle : ils doivent convenir de marcher ensemble (Am 3:3). Certes, « éduquer ses enfants, c'est un service à rendre, un devoir à accomplir », P. Dembour (2008). Un parent qui éduque bien son enfant aujourd'hui éduque des générations, car l'enfant qui est bien éduqué aujourd'hui fera autant pour ses enfants demain.

Je m'engage à...

*Moi, ..., **je m'engage à être** un **parent responsable** et **vertueux**. Je combattrai les antivaleurs et j'éviterai tout acte qui peut porter préjudice à la vie de ma famille. J'accomplirai mes devoirs de parent dans la crainte du Seigneur, avec amour et abnégation.*

Seconde partie :

Les Douze Vertus d'un Bon Élève

Introduction

Éduquer c'est dégager, mettre en valeur, en pleine lumière toutes les richesses, toutes les beautés, toutes les puissances de vie que l'enfant recèle en son âme et dans son cœur.

Les **vertus** sont des **valeurs**, **indispensables** dans la **vie** quotidienne d'un **peuple**.

Vertu vient du latin *virtus*, qui **signifie** « **disposition constante qui porte à faire le bien et à éviter le mal** » ; c'est aussi une « **qualité particulière** », *Le Petit Larousse 2003*.

Cela étant, en parlant des ***vertus d'un bon élève***, nous faisons allusion aux **bonnes qualités** que doit avoir l'élève, lesquelles qualités vont l'aider à réussir non seulement son cursus scolaire, mais sa vie.

L'**enfant** est l'**artisan principal** de sa **réussite**. Il a donc intérêt à prendre au sérieux sa formation. Hoffer le rappelle : « [...] L'enfant doit rester le principal agent de sa formation, car le progrès durable provient seulement d'une action acceptée ou consentie de sa part », P. Dembour (2008).

Certes, pour que l'enfant soit réellement bon et honnête, il doit posséder les douze vertus suivantes : **La discipline**, **la docilité**, **l'écoute**, **le respect**, **la ponctualité**, **l'honnêteté**, **la détermination**, **l'application**, **l'émulation**, **l'entraide**, **l'humilité** et **la reconnaissance**. Ces **vertus** sont la « **clé de la réussite** ».

1. La discipline

La **discipline scolaire** est « l'ensemble des mesures adoptées pour assurer l'ordre, le travail et la moralité à l'école […]. Elle concerne l'enseignant tout autant que l'élève », R. Musomo (2014).

La **discipline** est la « **clé de voûte** » de **toute activité éducative**. La réussite en dépend largement. Là où il y a la discipline, règnent l'ordre, le travail et le succès.

La **discipline** va de pair avec la **science** (Pr 12:1) : « Qui aime la discipline aime le savoir […] », B. Hurault et al (1998).

Parfois, la discipline peut paraître comme un lourd fardeau pour un élève, mais plus tard, elle lui sert de support solide pour son épanouissement dans la société. À ce propos, les Saintes Écritures disent: « […] aucune discipline pour le présent ne semble être un sujet de joie, mais de tristesse ; mais plus tard, elle rend le fruit paisible de la justice […] » (He 12:11).

Un **élève discipliné suit** à la lettre le **Règlement d'Ordre Intérieur** (R.O.I.), tel qu'édicté par les autorités scolaires. Il **évitera** tout **acte immoral** : les **bagarres**, les **injures**, les **moqueries**, la **brimade**, le **copinage**, etc.

2. La docilité

Ce mot vient de *docere* = enseigner ; *docilis* = disposé à s'instruire, qui apprend aisément ; *docilitas* = aptitude à apprendre aisément.

Synonyme de l'**obéissance**, la **docilité d'un écolier** se manifeste par sa simplicité **envers tous les acteurs de l'éducation**. Cet élève est **simple** comme une **colombe** (Mt 10:16), et **docile** comme un **agneau** (Ac 8:32).

Se considérant lui-même dans un processus d'apprentissage, à la quête du savoir, **l'élève docile** aura une grande ouverture d'esprit pour apprendre de nouvelles connaissances. Il sera **disposé** à **coopérer** avec ses condisciples et à **écouter** son enseignant.

3. L'écoute

L'écoute est **très importante** dans la vie de toute personne. **L'enfant** doit **écouter** ses **parents**. Cette recommandation vient de Dieu : « Écoute, mon fils, l'instruction de ton père, Et ne rejette pas l'enseignement de ta mère [...] » (Pr 1:8-9) ; « Écoutez, enfants, les conseils de votre père, et agissez ainsi afin d'être sauvés [...] » (Si 3:1-2).

Un élève **qui écoute** acquiert la **vérité**, la **sagesse**, l'**instruction** et l'**intelligence** (Pr 23:22-23). Par contre, une oreille inattentive n'apprendra pas assez. L'**écoute** c'est aussi **savoir se taire**. En classe, elle poussera l'élève à être attentif à l'enseignement.

Un **bon élève** doit être **prompt** à **écouter, lent** à **parler** (Jc 1:19).

4. Le respect

Respect vient du latin, ***respectus***. C'est le « sentiment qui porte à traiter quelqu'un, quelque chose avec de grands égards, à ne pas porter atteinte à quelque chose », *Le Petit Larousse 2003.*

Semblable à la politesse, un **élève respectueux** est celui qui **manifeste** le **respect** envers **soi-même**, ses **éducateurs**, ses **condisciples**, les **personnes** de toutes races, tous les **biens** présents à l'école, et aussi envers son **environnement**.

Je me respecte

Triangle du respect

selon Florence Renaux

Tu me respectes

Je te respecte

Si tu veux être respecté, commence par te respecter. Celui qui se respecte, se fera aussi respecter ; celui qui ne se respecte pas, ne se fera pas non plus respecter.

Dieu veut que le jeune respecte le vieillard. Ainsi dit-il : « Lève-toi devant des cheveux blancs et sois **plein** de **respect** pour un **vieillard** » (Lv 19:32). Un **élève respectueux écoute** ses **parents** et les **honore** ; ceci est un commandement de Dieu : « Honore ton père et ta mère [...] » (Ex 20:12 ; Ep 6:2-3), L. Second (1910).

Certes, celui qui honore ses parents verra ses péchés pardonnés ; il trouvera la joie dans ses enfants ; sa prière sera exaucée ; il aura une longue vie... (Si 3:3-16). Le non-respect des personnes âgées constitue une faute grave. La Bible nous parle de la peine infligée aux enfants qui se moquaient d'un vieillard qui était chauve (2 R 2:23-24).

Le *Code de la famille* (2016) en son article 316 dispose : « L'**enfant** à tout âge, **doit honneur** et **respect** à ses **pères** et **mère** ».

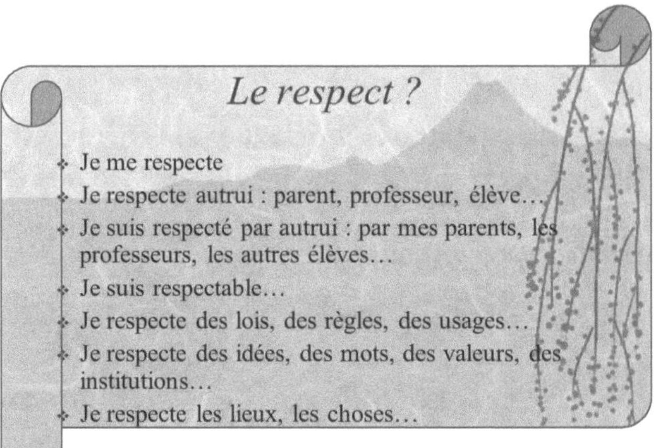

Un **élève respectueux évite tout acte** qui peut porter **atteinte** à **la dignité** de **la personne**.

5. La ponctualité

Synonyme de la **régularité**, la **ponctualité** aidera l'élève à **être à l'heure** pour **bien apprendre**.

« Le temps, c'est de l'argent » (*Time is money*) : il est très précieux. Un bon élève ne le gaspille pas ; il l'utilise rationnellement. Sur le chemin de l'école, un élève ponctuel évite tout ce qui peut le distraire et l'empêcher d'arriver à temps.

Les retards à l'école bloquent l'élève. Pendant que les autres apprennent, celui qui est en retard perd. **Les retardataires ont toujours tort**, dit-on souvent.

La **ponctualité** conduit l'élève à être **discipliné** et **ordonné**. De cette manière, la **discipline** et l'**ordre engagent** l'élève à **dormir** et **se lever tôt**, à **tout apprêter la veille** : ses devoirs, son uniforme, ses objets classiques, etc.

6. L'honnêteté

Un **élève honnête** dit **la vérité** et **mérite** sa réussite. Il est **franc**, **évite** le **vol**, la **corruption** et la **tricherie**.

L'**honnêteté intellectuelle** pousse un élève honnête à **ne pas plagier** : employer une citation ou une phrase qui n'est pas la sienne, sans citer le nom de son auteur.

L'honnêteté doit en outre amener l'élève à avouer ce qu'il a fait. S'il lui arrivait à commettre une faute, il aura à faire son *mea-culpa* : l'avouer et demander pardon (Ps 32:5).

Dieu veut que les hommes soient honnêtes en toutes choses ; autrement dit, qu'ils se conduisent de façon droite en toutes choses (He 13:18).

Un élève honnête sera estimé par tout son entourage : ses enseignants, ses condisciples, ses parents, etc.

7. La détermination

La détermination ne va pas sans l'esprit de sacrifice. Un **bon élève** doit avoir le **sens du sacrifice** dans tout ce qu'il entreprend : aller à l'école chaque jour (quelquefois à pied ou affamé), lire ses notes (parfois avec une lampe à pétrole…), s'acquitter de ses devoirs, etc. demandent une certaine abnégation.

Grâce à sa détermination de vouloir réussir, un bon élève arrive jusqu'au bout, nonobstant les embûches qu'il pourra rencontrer sur son chemin.

La **détermination** que **la fourmi** a **peut servir** de **leçon** à l'**élève paresseux**. En effet, n'ayant **ni chef**, **ni inspecteur**, **ni maître**, la **fourmi travaille** et **se bat** « bec et ongles » pour **sa survie** (Pr 6:6-8).

8. L'application

Le travail de l'élève peut être comparé à celui du cultivateur : « […] Ce qu'un homme aura **semé**, il le **moissonnera** aussi » (Ga 6:7). À semer **peu**, on récolte **peu**. À semer **beaucoup**, on récolte **beaucoup**, disent les Saintes Écritures, (2 Co 9:6).

Le **rendement de l'élève** est indubitablement **tributaire des efforts** qu'il **fournit à apprendre** ses leçons et **à participer activement aux cours**, en conciliant les deux : **prière** et **travail** (**étude**), « *Ora et labora* ».

Un **élève studieux revoit ses notes** chaque jour. Un adage qui dit : « Qui trop embrasse mal étreint », peut servir de leçon aux élèves qui accumulent beaucoup de matières sans les réviser. Ceux-ci n'arriveront pas à les comprendre toutes à la veille d'un test.

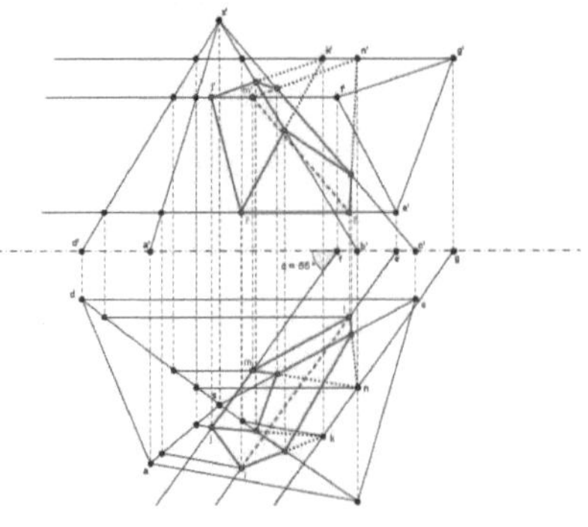

Ici encore, la **fourmi** nous sert de **modèle**. Le récit « La Cigale et la Fourmi », une fable de Jean de La Fontaine (1621-1695), nous enseigne que l'**oisiveté** est un **vice**. C'est par le **travail** qu'on obtient l'**indépendance**, le **bien-être** et le **succès** (2 Th 3:6-12).

9. L'émulation

C'est le **désir** de vouloir **égaler** l'autre ou de **faire mieux** que lui. R. Musomo (2014) considère l'émulation comme un puissant stimulant qui **excite** les élèves à faire trois choses : **travailler avec entrain**, **imiter les meilleurs**, et **essayer de les surpasser**.

Loin d'être considérée comme un sentiment d'envie, l'émulation pousse un bon élève à éviter la médiocrité, et à viser toujours l'excellence.

À l'exemple de Simon Pierre qui autrefois avait donné une réponse satisfaisante à son Maître Jésus : « Tu es le Christ, le Fils du Dieu vivant » (Mt 16:13-17), ainsi cela doit être pour un bon élève. Ses réponses doivent plaire à son maître et aider la classe à comprendre.

L'**absence** de l'**émulation** dans la vie scolaire d'un élève peut entraîner celui-ci de tomber dans la **léthargie intellectuelle**.

10. L'entraide

L'**entraide** doit être comprise dans le sens de **coopérer avec autrui**, de **s'aider mutuellement**. Elle **doit être réciproque** d'autant plus que nul ne peut être doué en tout, ni indéfiniment vivre ou travailler de façon isolée. On aura toujours besoin de l'autre.

L'**entraide** est un **signe** indéfectible qui montre qu'on **aime** son ***alter ego***, son **frère**, et qu'on veut son bien.

Les **talents** que nous avons, sont des **dons** qui nous **viennent de Dieu**. Ils n'appartiennent pas à nous seuls. Nous devons les **fructifier** et les **mettre** au **service** de nos **frères** et **sœurs** (Mt 25:14-29 ; 1 P 4:10). Un élève doué qui ne fait rien pour son condisciple, aura manqué au devoir de charité auquel Dieu nous convie. Tout comme à Caïn, Dieu lui demandera : « Qu'as-tu fait de ton frère ? » (Gn 4:10).

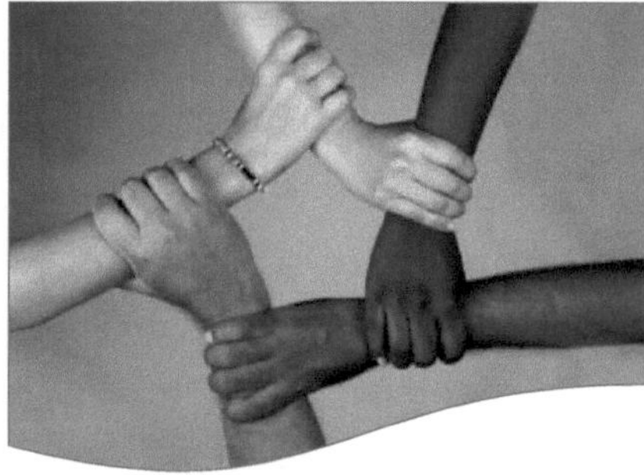

Vue comme une belle démonstration de l'adage (Devise de la Belgique) selon lequel « l'union fait la force », l'**entraide** **consolidera** les **efforts** de **réussite** dans la classe.

11. L'humilité

L'**humilité** n'est **pas une faiblesse**, mais plutôt **une force**. Elle aide à savoir que l'on a à donner et à recevoir des autres.

Si **l'humilité** précède **la gloire**, nous renseignent également les Saintes Écritures (Pr 15:33), **l'orgueil**, quant à lui, précède **l'échec et la chute** car le **cœur** de l'homme **s'élève avant** la **ruine** (Pr 18:12).

Par son humilité, un bon élève entretiendra de bonnes relations avec ses condisciples (1 P 5:5). Il saura **développer** le sens de **collaboration**, de **service** et du **pardon**.

Il saura aussi **suivre** les **instructions** de son **maître** en se laissant **modeler** par celui-ci, comme il en est de l'**argile** entre les **mains** du **potier** (Rm 9:21 ; Jr 18:1-6 ; Es 64:8).

12. La reconnaissance

La **reconnaissance** est **synonyme** de la **gratitude**. C'est aussi **savoir dire merci**. La reconnaissance d'un bon élève doit être manifestée **envers Dieu**, ses **parents**, et ses **éducateurs**.

Envers **Dieu** parce qu'il est l'**auteur** et la **source** de toute **sagesse** et **intelligence** (Jb 12:13 ; 1 R 3:5-13 ; 4:29 ; Jc 1:5 ; Col 3:16).

Envers ses **parents** pour tous les **efforts** et **sacrifices** qu'ils ont **consentis** pour son éducation et son instruction.

Enfin, envers ses **éducateurs** pour leur **amour** et **dévouement**.

À l'exemple de l'unique lépreux qui était revenu sur ses pas pour rendre grâce au Seigneur (Lc 17:15-16), un **bon élève** doit toujours être **reconnaissant** envers **Dieu**, ses **parents**, et ses **éducateurs**.

Conclusion

Les douze vertus d'un bon élève ainsi développées, il est bon pour un élève de pouvoir les connaître et les pratiquer.

Un **élève vertueux** est celui qui veut **se construire** un **avenir radieux** qui lui permettra de réaliser ses rêves. Les **douze vertus** d'un bon élève ne pourront que favoriser son émergence sur tous les plans de la vie. Elles constituent pour lui la « **clé du succès** ».

*Moi, l'élève ...., **je m'engage à être bon** et **vertueux**. J'obéirai à mes parents et à mes éducateurs ; je combattrai les antivaleurs et je fuirai les mauvais compagnons. Toute ma vie, je vivrai dans la crainte du Seigneur.*

* ***Signum Fidei*** : Signe de la foi

Références bibliographiques

A. Livres

- Agathon, F. (1834), *Les Douze Vertus d'un Bon Maître*, Avignon, Chez Seguin Aîné
- Caparros, E. & Aubé, H. *et al.* (2007), *Code de droit canonique bilingue et annoté*, Montréal (Québec), Editions Wilson & Lafleur
- Casevecchie, J. (2009), *Une idée philosophique par jour*, France, Editions du Chêne
- *Code de la famille & Loi portant protection de l'enfant* (2016), R.D.C.
- Dembour, P. (2008), *Parents responsables ! Ou comment conduire ses enfants sur le chemin de la vie*, France, Editions Mols
- Hurault, B *et al.* (1998), *La Bible des Communautés Chrétiennes*, Kinshasa, Médiaspaul
- Lauraire, L. (2004), *La Conduite des Écoles Chrétiennes*, Rome
- *Le Petit Larousse 2003*, Paris, Larousse
- *Loi-Cadre n°14/004 du 11 Février 2014 de l'Enseignement National*, Kinshasa
- Macaire, F. & Raymond, P. (1964), *Notre Beau métier, Manuel de Pédagogie Appliquée*, Seine, Editions Saint-Paul
- Musomo, R. (2014), *Manuel de Pédagogie Générale, Sixième Année Pédagogique*, Kinshasa, Médiaspaul
- Nsukula, P. (2018), *RELAF Newsletter N° 28*, Abidjan, Frères des Ecoles Chrétiennes
- Paul VI (1975), *Evangelii Nuntiandi*, Exhortation Apostolique, Libreria Editrice Vaticana
- Schieler, R. (2015), *Règle des Frères des Ecoles Chrétiennes*, Rome
- Second, L. (1910), *La Sainte Bible (LSV)*, Solvus Lab

B. Internet

- Don Bosco (1850), *L'Étrenne de Don Bosco*, Fondateur de la Congrégation des Salésiens, http://donboscocanada.org/strenna_2017/
- Stephen King, https://dicocitations.lemonde.fr/.../les-bons-professeurs-comme-les-...

* Images et photos : *Google* & Frère Pie

Annexe 1

PRIÈRE D'UN PARENT POUR SES ENFANTS

Seigneur, c'est toi qui es mon modèle, ma lumière et mon salut.

C'est toi qui m'as donné des enfants, et tu me confies la responsabilité de prendre soin d'eux.

Aide-moi à remplir cette tâche avec amour et abnégation ; et que je sois pour mes enfants un modèle à imiter, comme tu l'es pour moi.

Touche les cœurs des parents qui ne savent pas prendre soin de leur famille, afin qu'ils soient conscients de leur responsabilité.

Pour le bien-être de mes enfants et de notre société, je prie Saint Jean-Baptiste de La Salle, Patron céleste des tous les éducateurs, la Sainte Famille de Nazareth, Jésus, Marie et Joseph, de me venir en aide dans l'accomplissement effectif de mon devoir de parent.

Par Jésus, le Christ, notre Seigneur. Amen.

Vive Jésus dans nos cœurs ! A jamais !

Brother Pie Nsukula Bavingidi
Frère des Écoles Chrétiennes

Annexe 2

PRIÈRE DE L'ÉLÈVE AVANT L'ÉCOLE

Seigneur, c'est toi qui es mon appui, ma force et mon espérance ; ma source de sagesse et d'intelligence. C'est toi qui m'inspires le savoir-être et le savoir-faire.

Assiste-moi dans mes études afin que je devienne une personne utile à moi-même et à la société. Éclaire mes zones d'ombre pour que je sois capable de comprendre, de garder et d'interpréter ce qui m'est enseigné.

Illumine mes parents et mes éducateurs ; qu'ils sachent donner le meilleur d'eux-mêmes pour ma formation humaine et religieuse.

Penche ton regard d'amour sur les milliers d'enfants à travers le monde qui souffrent et qui n'ont pas la chance d'aller à l'école.

Inspire aux hommes et aux femmes de bonne volonté le désir de leur venir en aide.

Pour le bien-être de mes condisciples et le mien, je prie Saint Jean-Baptiste de La Salle, Apôtre des enfants et Patron céleste des éducateurs, Saint Nicolas, Patron des écoliers, et tous les Saints du Ciel, de nous venir en aide durant ce jour.

Par Jésus, le Christ, notre Seigneur. Amen.

Vive Jésus dans nos cœurs ! A jamais !

Brother Pie Nsukula Bavingidi
Frère des Écoles Chrétiennes

Annexe 3

PRIÈRE DU MAÎTRE AVANT L'ÉCOLE

Seigneur, c'est vous qui êtes ma force et ma patience, ma lumière et mon conseil ; c'est vous qui me soumettez le cœur des enfants que vous avez confiés à mes soins.

Ne m'abandonnez pas à moi-même un seul moment. Donnez-moi pour ma propre conduite et pour celle de mes élèves, l'esprit de sagesse et d'intelligence, l'esprit de conseil et de force, l'esprit de science et de piété, l'esprit de votre sainte crainte, et un zèle ardent pour procurer votre gloire.

J'unis mes travaux à ceux de Jésus-Christ, et je prie la Très Sainte Vierge, Saint Joseph, les Anges gardiens, Saint Jean-Baptiste de La Salle, de me protéger dans l'exercice de mon emploi. Amen.

Saint Jean-Baptiste de La Salle (1651-1719)
Fondateur de la Congrégation des **F**rères des **É**coles **C**hrétiennes
Patron Céleste de tous les Éducateurs Chrétiens

Annexe 4

UNE PRIÈRE

« Dieu vivant, donne-nous la vie »

Seigneur Dieu, Père plein de tendresse et d'amour, face à cette pandémie (la Covid-19) qui décime notre planète, nous venons humblement implorer ta pitié.

Oui **Seigneur**, ta colère ne dure qu'un instant, prend pitié de nous, nous ton peuple, créé à ton image et à ta ressemblance (Ps 30:4-5 ; Gn 1:26-27).

Seigneur Dieu,

Depuis la création du monde, quand nos premiers parents Adam et Ève avaient péché, tu as eu pitié de l'humanité que tu as créée. Tu as envoyé ton propre Fils pour le pardon de ses péchés (Gn 3:1-24 ; Jn 3:16-17 ou 1Tm 1:15) ;

Après le déluge, tu as eu pitié des hommes que tu as créés, et tu as dit en ton cœur que tu ne maudiras plus la terre à cause de l'homme et que tu ne frapperas plus ce qui est vivant (Gn 8:1-21) ;

Quand tu envoya tes émissaires vers Sodome et Gomorrhe pour les détruire, tu as eu pitié de ces villes grâce à l'intercession de ton serviteur Abraham (Gn 18:1ss) ;

Durant la traversée de la Mer Rouge, tu es venu en aide à ton peuple, les Israélites, à travers ton serviteur Moïse (Ex 14:1ss) ;

Quand Israël se révolta dans le désert et murmura contre toi, grâce à l'intervention de ton serviteur Moïse, tu as eu pitié de lui (Nbr 11:1ss) ;

Quand les enfants d'Israël se détournèrent de toi et de Moïse au désert, tu les as sauvés par Moïse, ton serviteur, à travers le serpent d'airain (Nbr 21:1-9) ;

Tu as eu pitié de tes serviteurs David, Ézéchias, Naaman, le chef de l'armée du roi de Syrie, la Veuve de Sarepta, la femme de Sunem (la Sunamite), et de tant d'autres personnes (2 S 11:1-27 ; 12:1-25 ou Ps 51:1-19 ; 2 R 20:1-11 ; 5:1-19 ; 1 R 17:9-24 ; 2 R 4:8-37) ;

Quand les gens de Ninive se sont repentis grâce à la prédication de ton serviteur Jonas, tu as renoncé au mal que tu voulais leur faire (Jonas 3:1-10) ;

Et maintenant Seigneur, face à ce mal pernicieux qui nous ravage (le Coronavirus), veux-tu nous exterminer de la face de la terre, nous ton peuple créé à ton image et à ta ressemblance ?

Vas-tu nous laisser vivre dans la psychose, le désespoir, la méfiance et l'angoisse ?

Seigneur Dieu,

Si ce mal est dû à notre méchanceté ou à nos péchés, nous t'implorons, Dieu très Saint, détourne ta face de nos fautes, aie pitié de nous.

Seigneur Dieu,

C'est toi qui nous a faits, la terre et le ciel. Nous croyons que notre salut ne peut que provenir de toi. Nous sommes des êtres fragiles, viens à notre secours. Là où notre intelligence se limite, c'est là où la tienne se met à l'œuvre ;

Seigneur, nous sommes ton peuple, un peuple de pécheurs, prends pitié de nous, sauve nous.

« **Dieu vivant, donne-nous la vie** ». Amen.

Brother Pie Nsukula B.
Frère des Écoles Chrétiennes

Annexe 5

TEXTES

1. LE LABOUREUR ET SES ENFANTS

Travaillez, prenez de la peine :
C'est le fonds qui manque le moins.

Un riche laboureur, sentant sa mort prochaine,
Fit venir ses enfants, leur parla sans témoins.

« Gardez-vous, leur dit-il, de vendre l'héritage
Que nous ont laissé nos parents :
Un trésor est caché dedans.
Je ne sais pas l'endroit ; mais un peu de courage
Vous le fera trouver : vous en viendrez à bout.
Remuez votre champ dès qu'on aura fait l'oût :
Creusez, fouillez, bêchez ; ne laissez nulle place
Où la main ne passe et repasse. »

Le père mort, les fils vous retournent le champ,
Deçà, delà, partout : si bien qu'au bout de l'an
Il en rapporta davantage.

D'argent, point de caché. Mais le père fut sage
De leur montrer, avant sa mort,
Que le travail est un trésor.

(Jean de La Fontaine)

2. LE BON ÉCOLIER

Il est l'heure de se rendre en classe. Le petit Manza salue affectueusement sa mère et part d'un pas allègre. Arrivé en classe, il fait le signe de la croix, salue le maître et se rend à sa place. Pendant les prières, il a un maintien respectueux. Il écoute attentivement les leçons et répond poliment aux questions, toujours appliqué et silencieux, Manza fait la joie de son maître. La classe terminée, il se rend directement à la maison.

3. L'ENFANT PROPRE

Quand on dira :
« A qui donc ce bel enfant-là :
Ce Noël si gentil, si propre que voilà »
C'est toute fière
Que la mère
Répondra
« C'est à moi ce bel enfant-là ».

4. L'ENFANT DOCILE

(Le petit Mata se rend en classe)

« Adieu ! petit chéri, Vous vous rendez en classe :
Ne vous y faites pas punir.
- Non maman ! pour cela, que faut-il que je fasse ?
- Une seule chose, obéir.
J'obéirai maman ». Il tient si bien parole,
Que depuis lors on a plaisir
A le voir tout joyeux partir pour son école,
Et, tout joyeux, en revenir.

5. CONSEILS D'UNE ABEILLE

Ecolier, qui part pour l'école
Garde toi de traîner le pas ;
En chemin ne t'amuse pas
Mais songe à l'heure qui s'envole.
Pour ton modèle et ton symbole.
Si tu m'en crois, tu choisiras ;
Non pas le papillon frivole.
Trop ami des joyeux ébats
Mais l'abeille toujours pressée,
Qui butine dans la rosée
Toutes les fleurs riches en miel
Jamais d'école buissonnière,
Dis cette bonne conseillère,
Qui voltige entre terre et ciel.

H. Durand

*Lecture élémentaire 2 (Pp. 61, 78-80)

Annexe 6

Cantique à Saint Jean-Baptiste de La Salle

R / *Honneur à toi, Glorieux de La Salle*
Apôtre des enfants et gardien de leur foi ;
Vainqueur de l'ignorance, à l'âme si fatale,
Honneur à toi ! Honneur à toi !

1. O toi que les élus comme nous, applaudissent
Et chantent, triomphant dans les parvis du ciel,
Pour exalter ta gloire, ici nos voix s'unissent
Avec transport au cantique éternel.

2. Tu fus le compagnon des esprits angéliques,
Qui gardent le jeune âge, encore dans sa fleur,
Et voient toujours briller les éternels portiques
Où de Dieu même apparaît la splendeur.

3. Tandis que vigilant, tu prends soin des écoles,
Sur l'aile de la foi tu voles jusqu'aux cieux,
Pour Dieu luttant sans cesse, aux âmes tu t'immoles,
Vaillant héros, à jamais glorieux.

4. Le peuple des enfants pour patron te réclame,
Les maîtres t'ont nommé leur guide et leur docteur,
Et tous, en t'invoquant, espèrent pour leur âme
Secours et force, ô puissant Protecteur !

Table des matières

Printed by Books on Demand GmbH, Norderstedt / Germany